Gerhard Hoppmann

Von Baden Baden nach Bad Säckingen
Mit dem Fahrrad durchs Ländle, Bädertour 2010

Fahrradtouren, Erlebnisbericht

Gerhard Hoppmann

Von Baden Baden nach Bad Säckingen Mit dem Fahrrad durchs Ländle, Bädertour 2010

Fahrradtouren, Erlebnisbericht

Gerhard Hoppmann

Von Baden Baden nach Bad Säckingen
Mit dem Fahrrad durchs Ländle, Bädertour 2010

Fahrradtouren, Erlebnisbericht

Der Verfasser: Dipl.-Ing. Gerhard Hoppmann

Bibliografische Information der Deutschen Nationalbibliothek:
Die Deutsche Nationalbibliothek verzeichnet diese Publikation in der Deutschen Nationalbibliografie; detaillierte bibliografische Daten sind im Internet über <http://dnb.d-nb.de> abrufbar.

Umschlagdesign: Gerhard Hoppmann
Herstellung und Verlag: Books on Demand GmbH, Norderstedt

ISBN 978-3-8423-4941-4

Vorwort

Seit 2005 bin ich jedes Jahr mit dem Fahrrad auf Tour. Ich bin dann meist einige Wochen allein unterwegs, da ich in der Regel pro Tour so etwa 1.800 bis 3.000 km zurücklege. Ich fahre in Deutschland, Schweiz, Österreich und den Niederlanden, die Radwege Neckar, Rhein, Donau, Main, Main-Donau-Kanal, Elbe, Weser, Ems, Fulda und Nordseeküstenradweg. Ich finde das ist für mich persönlich eine schöne Sache, ich genieße das, denn man erlebt Natur pur, lernt Landschaften, Städte und Menschen kennen. 2010 habe ich übrigens eine Schweiz-Deutschland-Niederlande-Deutschland-Schweiz-Tour mit 2.600 km gemacht – war absolut spitze.

2009 konnte ich das erste Mal die sogenannte Schwabentour oder anders gesagt die TDL eines bekannten Radiosenders mit der 4 im Namen mitfahren, und das war eine geile Tour.

Die TDL 2009 war schon der Wahnsinn. Wir hatten super Wetter, die Etappen waren toll. Wir waren fast immer mit mehr als 2.500, bis zu 3.000 Fahrerrinnen und Fahrer unterwegs. Ich habe viele nette Leute kennengelernt. Die TDL 2009 war einfach gesagt, eine Superlative!

Also habe ich mich 2010 wieder für die TDL angemeldet, und ich durfte mitfahren und so ist auch wieder dieses Buch entstanden. Es ist wiederum ein persönlicher Erlebnisbericht, denn er schildert meine persönlichen Erlebnisse und Eindrücke, allerdings von der Bädertour 2010.

Leider konnte der SWR mir nicht gestatten, dass ich den Begriff „Tour de Ländle" im Titel verwende, so habe ich auch im Text darauf verzichtet und diese Tour als „Bädertour 2010" bezeichnet.

Die Rechte für den Titel „Tour de Ländle" liegen beim SWR.

Viel Spaß beim Lesen der Berichte

Ihr
Gerhard Hoppmann   20.01.2011

Bädertour 2010
Die Anreise am 29.07.2010, Freitag

Bevor es los gehen konnte, musste man sich anmelden. Am 16.04.2010 war es soweit – per Internet habe ich mich für die Busvariante der Tour durchs Ländle angemeldet. Im Gegensatz zum letzten Jahr war dieses Jahr alles ganz anders. Es waren nur noch maximal 2.000 Teilnehmer zugelassen, mit rund 1.200 Dauerteilnehmern und 800 Tagesteilnehmern. Alles wurde ausgelost, wer dabei sein wollte musste auch Losglück haben. Ich wurde ausgelost und hatte Glück. Wäre ich nicht ausgelost worden, hätte ich alternativ entweder meine Tour über den Arlberg oder meine eigene Tour durch das Ländle gemacht und zwar mit eigenen Strecken zu den jeweiligen Partyorten.
Aber ich habe ja Losglück gehabt und durfte zur Bädertour 2010 kommen.

Die Busvariante kostete 703,30 Euro und darin enthalten waren:
➢ Übernachtung mit Frühstück
➢ Shuttle Bus
➢ Radtrikot der Tour durchs Ländle
➢ Übrige Teilnehmergebühren
➢ An- und Abreise mit dem 3-Löwentakt

Ich bin am 29.Juli 2010 angereist. Ursprünglich wollte ich mit dem Fahrrad aus der Schweiz anreisen, da aber das Wetter in der Woche vor der Tour durchs Ländle sehr schlecht war (Regenwahrscheinlichkeit von über 95% und bis 30 Liter Regen auf einen m^2), bin ich am 29. Juli 2010 mit dem Zug von Wil (Schweiz, Kanton St. Gallen) nach Baden Baden gefahren. In Wil hat es geregnet als ich zum Bahnhof runterfuhr. Am Bahnhof noch einen Kaffee getrunken, dann in den Zug nach Konstanz, umsteigen in Weinfelden. In Weinfelden war es, wie auch in Konstanz, dann trocken. In Konstanz am Bahnhof am Automaten ein Baden Württemberg Ticket und ein Zusatzticket für mein Fahrrad gekauft. Ohne Umsteigen in knapp drei Stunden von Konstanz bis Baden Baden. So gegen 14.45 Uhr bin ich in Baden Baden angekommen und als ich in Baden Baden aus dem Zug gestiegen bin, hat es erst mal kräftig gekübelt. Diesen kräftigen Schauer habe ich am Bahnhof abgewartet und bin dann mit Fahrrad und Gepäck durch einen Park in Richtung Stadtmitte von Baden Baden gefahren. Ich hatte im Hotel Deutscher Kaiser ein Zimmer reserviert, weil ich nach der Auftaktveranstaltung da auch übernachten würde.

Also durch den Park ins Zentrum von Baden Baden – der Bahnhof von Baden Baden liegt ca. fünf Kilometer von der Stadtmitte entfernt – ich musste aber noch weiter nach Lichtental (weitere fünf Kilometer von der Stadtmitte entfernt) – rund einen Kilometer bis zum Hotel musste ich noch fahren, als es nochmal zu kübeln anfing. Ich habe mich an einer Kirche unterstellen können und bin nach 15 Minuten weiter und trockenen Reifens zum Hotel Deutscher Kaiser gefahren. Fahrrad reinstellen (Garage), einchecken und anschließend mit dem Bus ins Zentrum von Baden Baden.

Kurz nach dem Aussteigen im Zentrum von Baden Baden (Fußgängerzone) hat es wieder fürchterlich geregnet, selbst einige Autos sind rechts rangefahren und stehen geblieben, so hat das gekübelt. Ich konnte mich glücklicherweise in einer Passage gut unterstellen – danach ist es aber trocken geblieben, ich habe mir Baden Baden angesehen – aber es war kalt, viel zu kalt für Ende Juli.

Am Abend bei einem Chinesen essen gegangen – ich habe noch nie so schlecht chinesisch gegessen. Anschließend wieder in die Fußgängerzone zurück, wo ich dann Hans aus Hamburg und Eva aus München getroffen habe. Später saßen wir noch in einem Restaurant zusammen und haben etwas zusammen getrunken.

Baden Baden

Bahnhof Wil, Schweiz

Baden Baden

Baden Baden kann auf eine 2000 jährige Geschichte als Bäderstadt zurückblicken. Ihre Glanzzeit als „Sommerhauptstadt Europas" lag im 19. Jahrhundert. In dieser Zeit entwickelte Baden Baden sich zum Kommunikationszentrum für Adelige, Bürger, Industrielle und Künstler aus der Oberschicht. Gesunde und Kranke suchten die Stadt an der Oos für mehrere Wochen und Monate auf und prägten mit ihren Ansprüchen und Interessen das gesellschaftliche Leben. Aus dieser Blütezeit wird immer noch das heutige Stadtbild geprägt, so sind zum Beispiel das Kurhaus, das Casino, der Musikpavillon, die eleganten Hotels, die öffentlichen Thermalbäder oder die Villenviertel Zeugen dieser Zeit.

Baden Baden blickt auf eine jahrhundertelange interessante Geschichte zurück und wurde im Jahre 712 erstmals urkundlich erwähnt. 1507 wurde Baden Baden das erweiterte Stadtrecht zugesprochen.

Bis 1931 hieß die Stadt allerdings nur Baden. Man nannte sie zur besseren Unterscheidung zu anderen Städten (Baden bei Wien oder Baden in der Schweiz) meist Baden in Baden. Bereits ab dem 19. Jahrhundert nannten viele Besucher die Stadt Baden Baden. So entstand der heutige Doppelname.

712	Erste urkundliche Erwähnung: Merowingerkönig Dagobert III. schenkt die Mark samt ihren heißen Quellen dem Kloster Weißenburg.
1245	Gründung des Klosters Lichtenthal, das bis 1372 Grablege der Markgrafen von Baden wird.
1893	Bau der **Trinkhalle** durch Heinrich Hübsch
1946	Gründung des Südwestfunks (ab 1998 **Südwestrundfunk**).

Quelle: www.baden-baden.de/

Bilder aus Baden Baden

Auftaktveranstaltung am 30.07.2010, Samstag

Nach dem Frühstück wieder mit dem Linienbus in die Stadt rein und habe mir heute Baden Baden nochmal in aller Ruhe angesehen (Wasserhalle, Cracallatherme, Spielcasino). So gegen 14.00 Uhr bin ich dann zum Festplatz am Waldseeplatz, ganz in der Nähe vom SWR, gefahren. Den Weg kannte ich bereits, denn den hatte ich gestern schon erkundigt, und so wusste ich wie ich zum Festplatz fahren musste. Es war heute trocken und auch das Thermometer zeigte recht angenehme Temperaturen an.

Ich habe mich angemeldet, mein goldenes Bändchen, das Erkennungszeichen als Teilnehmer für Bus und Hotel, und das grüne Bädertour 2010 Radlershirt bekommen.

Anschließend bin ich zum Nesch & Weiss Stand und habe gefragt, ob Walter mein Busfahrer sein würde – der Boss von Nesch & Weiss gab mir die Information, dass Walter Bus Nr. 1 fahren würde, und ich war im Bus Nr. 1 – Geil. Walter hat uns letztes Jahr auch gefahren und wir waren ein toller Bus mit super Stimmung – sollte es wieder so werden? Mal sehen! Am Festplatz habe ich mir zunächst mal alles angeschaut, einen Kaffee getrunken, ein Steakbrötchen gegessen, mir die Proben angeschaut und mein Fahrrad zum Fahrradabstellplatz gebracht. Wer würde vom letzten Jahr wieder dabei sein, wen würde ich wiedertreffen, wer würde vom Ü-Team dabei sein? Als ersten habe ich Kurt getroffen, Kurt war vor mir bei der Anmeldung und danach habe ich Walter unseren Busfahrer getroffen. Nach und nach trudelten alle ein, fast alle waren da, Jacob, Ludwig, Fritz, Gerhard 2, Gerhard 3, Gerhard 4, Georg, Maria, Hans und noch viele andere, ich kann nicht alle aufzählen, dass wäre zu viel und ehrlich, alle Namen kenne ich leider auch nicht mehr und es kommen wieder noch neue Namen dazu, da ich sicher auch wieder Leute neu kennenlernen werde. Später habe ich Jens getroffen, der war im Innenraum und auch Heidi, Pit und Michael waren gekommen. Nicht dabei waren leider Karin, Christa und Marco. Die Party war sehr gut. Als Künstler traten Peter Kraus, die Nockis, Tony Marshall, Marshall & Alexander und Uta Bresan auf. Moderiert wurde diese Lifeübertragung vom SWR durch Sonja Schrecklein und Hansy Vogt. Insbesondere Peter Kraus hat mich beeindruckt, weil er unheimlich viel kann und er hat super mit dem Publikum kommuniziert.

Als die Show vorbei war, sind wir mit dem Bus Nr. 1 ins Hotel – Gute Nacht! Morgen fahren wir die erste Etappe der Bädertour 2010 von Baden Baden nach Bad Schönborn.

Was gibt es denn
da zu sehen?

Bädertour 2010
Erste Etappe
Samstag, 31. Juli 2010
Baden Baden – Bad Schönborn
Entfernung: 82 km
Wetter: meist sonnig
Schwierigkeit: leicht

Etappenorte
Weststadt – Haueneberstein – Bad Rotenfels (1. Rast) – Oberweier –
Malsch – Ettlingen (Mittagsrast) – Wolfartsweier – Grotzingen –
Weingarten (3. Rast) – Büchenau – Bad Schönborn [1]

Die Busse waren alle voll besetzt, denn insgesamt waren 300 Teilnehmer
im Hotel untergebracht, und es fuhren insgesamt sechs Busse von Nesch
& Weiss. Für mich fast unmöglich sich in sechs Tagen alle Namen zu
merken. Um einige zu nennen, Sita, Johanna, Lisbeth, Hans oder Albert
aber auch Robbi aus Efringen-Kirchen, war wieder dabei. Am Fahrradplatz
habe ich noch Wilhelm wieder getroffen. Das letztjährige Ü-Team war nur
noch zu 50% vertreten. Aber 2010 war sowieso alles anders, die Tour war
auf 2.000 Teilnehmer begrenzt, weil im letzten Jahr teilweise mehr als
3.000 Teilnehmer dabei waren. Die Tagesteilnehmer wurden ausgelost.
Ob das richtig ist, weiß ich nicht – ich glaube das es im Prinzip am
Bedürfnis der Radiohörer vorbei geht, denn viele wollen mitfahren.
Vielleicht muss man noch andere Lösungen suchen. Auf jeden fall war das
Wetter gut und das Höhenprofil zeigte eine leichte und auch flache
Strecke an. Also eine Strecke so richtig zum Einfahren, und so war das
auch, und es wurde recht langsam gefahren, so dass das Feld recht weit
auseinander gezogen wurde. Ich hing in so einer langsam fahrenden
Gruppe drin, prompt haben wir den Anschluss nach vorne verloren und
mussten auf den nächsten „Roten Radler" mit Navigationssystem warten.
Da trödelt man in einer Gruppe von rund 30 Fahrern, und nach vorne
reißt der Kontakt ab, denn die Strecke war erstmals auch nicht
ausgeschildert.

Nächstes Jahr werde ich auch ein Navigationssystem dabei haben, und sollte ich nicht teilnehmen dürfen, werde ich meine eigene Tour durchs Ländle, abseits der offiziellen Strecke fahren und mich lediglich abends zur Party einfinden und hoffentlich alte Bekannte wieder treffen.

Der Start am Morgen ist eigentlich immer der gleiche Ablauf, Begrüssung und Verabschiedung durch Oberbürgermeister oder Bürgermeister, unterschriebenes Ortsschild, Streckenerklärung durch Gundolf Greule, Aufwärmprogramm, Kultur durch Reinhold Fülle und der obligatorische Startschuss. Wenn der Startschuss fällt, dann leert sich der Platz sehr schnell – alle sind geil drauf endlich los zu fahren. Das Tour durchs Ländle Lied hört sich kaum noch einer an. Ich bleibe meist noch ein wenig um das Tourlied oder wenigsten noch einen Teil davon zu hören. Und trotzdem, man muss los, denn sonst sind die weg. Also los – auf ging es zur ersten Etappe der Bädertour 2010

Vom Waldseepark rein nach Baden Baden und weiter abwechselnd auf Radwegen und Kreisstrasse über Lehnberg und Haueneberstein in Richtung Norden. Entlang der Murg zur ersten Rast über Oberndorf nach Bad Rotenfels.

Nach der ersten Rast dann weiter über Winkel, Oberweiler nach Ettlingen, wo wir dann Mittagsrast hatten. Übrigens einen Kaffee habe ich nicht bekommen, denn als ich dran war, war der Kaffee alle. Nach der Mittagsrast weiter, vorbei an Karlsruhe über Wolfart und Grötzingen nach Weingarten zur dritten Rast. Anschließend weiter auf flachen Straßen über Büchenau, Karlsdorf, Kronau nach Bad Schönborn, unser heutiges Etappenziel.

Ein schöne Etappe, leicht und locker von Baden Baden nach Bad Schönborn – ein toller Start der Bädertour 2010.

Am Ende der heutigen Etappe zunächst mit dem Bus ins Hotel, duschen und zurück zum Festplatz. Das Wetter war absolut Spitze und Moderator Michael Branik präsentierte zwei super Bands, die Marc Fischer Band und Fantasy. Die Party war gelungen und die Stimmung war sehr gut. Ein rundum gelungener erster Tag der Bädertour 2010.

Start in Baden Baden

Bilder von der Strecke und Rast

Die Party

Die Baden Württembergische
Antwort

Bad Schönborn

Bad Schönborn ist das Tor zum Kraichgauer Hügelland, denn Bad Schönborn liegt im Landkreis Karlsruhe und liegt in der sogenannten Kraichgauer Mulde, das ist die tiefste Stelle zwischen Schwarzwald und Odenwald.

Bad Schönborn ist 1971 aus den selbstständigen Gemeinden Bad Langenbrücken und Bad Mingolsheim entstanden, wobei beide Ortsteile über eigene Quellen verfügen. Von besonderer Bedeutung sind neben den vielen kleinen Sehenswürdigkeiten die Schwefel-, Thermalschwefel- und Thermalsolequellen. In Bad Schönborn leben zur Zeit rund 12.000 Einwohner.

Quelle: www.bad-schoenborn.de/

Bädertour 2010
Zweite Etappe
Sonntag, 01. August 2010
Bad Schönborn - Bad Liebenzell
Entfernung: 77 km
Wetter: gut
Schwierigkeit: schwer

Etappenorte
Östringen – Tiefenbach – Zaisenhausen – Kürnbach (1. Rast)   –
Zaisersweiher – Mühlacker (Mittagsrast) – Pinache – Wimsheim –
Tiefenbronn (3. Rast) – Neuhausen – Bad Liebenzell [1]

Von Bad Schönborn bis Bad Liebenzell war schon so etwas wie eine Tour
durchs Ländle „Königsetappe". Es ging doch teilweise recht heftig nach
oben. Bei Steigungen habe ich früher immer gesagt „Nee, nicht schon
wieder" und heute sage ich zu mir „Geil, da geht es rauf!".
Das Wetter war insgesamt O. K., ca. 20°C, wechselhaft, trocken, mal
Sonne, und mal nur bewölkt. Durch den Kraichgau in einem ständigen
Auf und Ab, meist rauf und weniger runter – über Östringen, Tiefenbach,
Landhausen und Zaisenhausen zur ersten Rast nach Kürnbach. Weiter
ging es nach einem kurzen, knackigen Anstieg und kurzer Abfahrt in
Wellen zur Mittagsrast über Zeiserweiher, über Lienzingen ins Enztal
nach Mühlacker.
Nach der Mittagsrast, ich hatte wieder keinen Kaffee bekommen, hatten
wir einen langgestreckten Anstieg, wo wir uns Meter um Meter
hochkämpften um über Wiernsheim und Wimsheim nach Tiefenbronn zu
fahren. In Tiefenbronn war die dritte Rast und wieder keinen Kaffee
bekommen. Nach der Pause zunächst einmal runter ins Tal der Würm,
dann wieder hoch nach Steineeg um dann auf der Hochebene über
Neuhausen, in Wellen weiter nach Unterhaugstett zu fahren. Dann aber,
am Schluss der Etappe, eine tolle Abfahrt ins Nagoldtal nach Bad
Liebenzell.

Eine tolle Tour, gutes Wetter, nicht zu heiß und eine Etappe ganz nach meinem Geschmäckle. Heute bin ich im hinteren Teil des Feldes gefahren. Unterwegs habe noch eine Frau mit hochgenommen, denn hoch zu fahren ist für mich nicht so schwer, und so haben wir das gemeinsam gemacht und auch geschafft - man nennt das auch „hochquatschen".

Dann bin ich ein gutes Stück mit Tommy, alias Thomas Welzig oder auch Tour Tommy genannt, gefahren. Tommy hat diese nicht ganz leichte Etappe bravourös gemeistert. Wir sind dann zu fünft ganz am Schluss in Bad Liebenzell reingefahren. Das Fahrrad in die Tiefgarage gebracht, und danach habe ich mit Tour Tommy noch ein Bier getrunken. Das Bier haben die von Erdinger ausgegeben, ein herzliches Dankeschön. Thomas Welzig ein sehr netter Mann und außerdem ist er Redakteur und Reporter beim SWR4 und er musste heute, auch nach dieser Tour, noch arbeiten – das übliche wie er sagte, Sitzung und Interview mit Achim Petry.

Heute bin ich nicht gleich mit ins Hotel gefahren, denn heute war duschen im Grohe Truck angesagt – nicht schlecht! Geduscht, erfrischt und dann ab zur Party auf den Festplatz. Erst mal ein Steak, sowie ein lecker Bierchen und die Party konnte beginnen.
Viele Leute, gute Stimmung, gutes Wetter, The Ca$h und Achim Petry. So sollte die Tour weiter gehen.

Bad Liebenzell
Bad Liebenzell liegt am Rand des Schwarzwaldes im erweiterten Nagoldtal zwischen Pforzheim und Calw. 1901 erstmalige urkundliche Erwähnung, doch bereits seit dem 15. Jahrhundert wird Bad Liebenzell für seine heilenden Quellen gerühmt. In den 70er Jahren wurden die Stadtteile Beinberg, Maisenbach-Zainen, Monakam, Möttingen, Unterhaugstett und Unterlengenhardt eingegliedert. Heute leben rund 9.400 Menschen in Bad Liebenzell.
Quelle: www.tourismus.bad-liebenzell.de/

Gutes Wetter, tolle Wege und Aussichten

Shimano hat immer
gut zu tun.

Auch in Wimsheim war
die Begeisterung goss

Die Hübsche am Grohe Truck war nicht dabei.

Gute Dusche und nun ging es zur Party.

Keine schlechte Idee von Grohe.

Die Party in Bad Liebenzell

Das TDL Lied:
Es lebe die Tour, es lebe
das Ländle.....

Jens fährt gerne hoch.

Bädertour 2010
Dritte Etappe
Montag, 02. August 2010
Bad Liebenzell - Baiersbronn
Entfernung: 75 km
Wetter: trüb, vier Stunden Dauerregen
Schwierigkeit: schwer

Etappenorte
Bad Liebenzell – Calw – Zavelstein (1. Rast) – Schmieh – Hofstett – Altensteig-Wart   (Mittagsrast) – Altensteig – Erzgrube (3. Rast) – Baiersbronn [1]

Die gestrige Etappe war nicht ganz leicht und das heutige Höhenprofil ließ schon ahnen, dass es heute auch schwer werden würde. Zunächst zum „Warm" werden sind wir durch das Nagoldtal bis nach Calw gefahren, danach eine stärkere Steigung bis nach Wimberg hoch. Ich bin meist im dritten und vierten Gang gefahren. Nach Wimberg ging es etwas flacher aber weiter bergauf bis Zavelstein zur ersten Rast. Der Himmel wurde immer dunkler und Regen war wohl im Anmarsch.
In Zavelstein, kurz vor der ersten Rast, plötzlich „Gerhard, Gerhard" Rufe – ein Blick nach links – na klar – hätte ich auch wissen müssen. Roberts „Boxenstop"! Gestern hatte ich Roberts Schwester ja noch kennen gelernt. Robert und Lisbeth waren bereits schon einige Zeit da, denn sie wollten beide früh am Boxenstop sein. Ich habe also Zeichen gegeben und bin rechts raus gefahren und auch rüber zum „Boxenstop". Ein fröhliches Hallo und es gab Kaffee, Kuchen und ein Gläschen Sekt gab es auch.

Robbis Boxenstop: Robbi und Schwester.

Nach dem Boxenstop weiter zum Rastplatz, noch Getränke und Gemüse geholt, Michael, Heidi und Pit gesucht und gefunden. Kurze Pause, doch der Himmel war mittlerweile dunkelgrau. Ich habe noch am Rastplatz meine Regenjacke angezogen, bin dann ziemlich hinten im Feld losgefahren. Jetzt fuhren wir im Nordschwarzwald, und wie ich es vermutet hatte, kam auch der Regen. Der Regen wurde immer heftiger, wobei jetzt viele rechts rausfuhren um sich Regenjacken anzuziehen, dadurch wurde ich quasi von hinten nach vorne durchgereicht. Wir fuhren, immer auf der Höhe über Emberg, Schmieh, Agenbach, Hofstett nach Altensteig-Wart zur Mittagsrast. Es war trotz Regen ein zügige Fahrt von Zavelstein nach Altensteig-Wart zum Best Western-Hotel Sonnenbühl. Hier hat die Dekra auch Ihr Bildungszentrum. Es hat immer noch geregnet, ich habe eine Pellkartoffel mit Kräuterquark gegessen, anschließend mir, unter einem Vordach, noch ein trockenes, frisches und langärmeliges Radlershirt angezogen.

Im Regen ging es zunächst runter nach Altensteig um dann mit ganz leichter Steigung zur dritten Rast nach Erzgrube zu fahren. In Erzgrube war es dann auch wieder trocken – einen Kaffee habe ich wieder nicht bekommen. Da steht man an und dann heißt es wie so oft „Nichts mehr da"!

Schon das dritte oder vierte Mal, dass ich mich für einen Kaffee angestellt und am Schluss keinen bekommen habe. Bei den Pausen muss man immer anstehen und kaum eine Chance vor der Weiterfahrt noch eine Kleinigkeit zu essen oder zu trinken – das frustet – das war 2009 besser. Ich mache mir mittlerweile morgens ein Brot zum mitnehmen, dann habe ich zumindest zum Mittag etwas zu essen. Teilweise schlecht organisiert oder zu viele Leute gleichzeitig am Ort, wie bereits geschrieben, das war 2009 besser organisiert.

Nach der Mittagsrast ging es nochmal zur Sache, zunächst hochfahren, auf gut vier Kilometern rund 300 Höhenmeter hochklettern um danach mit einer geilen Abfahrt durch das Murgtal nach Baiersbronn zu rollen. Nach der dritten Rast ist es dann auch trocken geblieben.

Trotz Regen, das war wieder eine geile Etappe und hat mir wieder richtig Spaß gemacht. Heute waren nicht so viele Zuschauer an der Strecke. Es ist für die Jahreszeit einfach zu nass und zu kalt. Heute sind am Abend Wirtschaftswunder und Michael Holm aufgetreten, es waren auch nicht so viele Zuschauer wie sonst üblich, auf der Party – was der Party allerdings keinen Abbruch tat, denn die Stimmung war wiedermal super.

Baiersbronn
Baiersbronn ist trotz seiner riesigen Gemarkungsfläche von 14.000 Hektar, keine Stadt. Baiersbronn hat rund 8.500 Einwohner und zu Baiersbronn gehören die Gemeinden Hutzenbach, Röt, Klosterreichenbach sowie Friedrichstal. Wie erwähnt, ist Baiersbronn keine Stadt, aber aufgrund der vielen Ortsteile hat Baiersbronn einiges zu bieten, so ist Baiersbronn Heilklimatischer Kurort in der Premiumklasse, ein Luftkurort, Luft- und Kneippkurort und Erholungsort.
Quelle: www.baiersbronn.de/

Bilder der heutigen Etappe.

Bädertour 2010
Vierte Etappe
Dienstag, 03. August 2010
Baiersbronn – Bad Dürrheim
Entfernung: 80 km
Wetter: wechselhaft, meist sonnig, 20°C
Schwierigkeit: schwer

Etappenorte
Baiersbronn – Freudenstadt – Dietersweiler – Glatten (1.Rast) – Leinstein – Dornhan – Winzeln (Mittagsrast) – Seedorf – Stetten – Niedereschzach (3. Rast) – Kappel –Villingen – Bad Dürrheim [1]

Vorgestern war es schwer, gestern war es nicht so leicht zu fahren und heute würde es wohl wieder schwer werden. Wir fahren ja schließlich im Schwarzwald und da geht es nun mal rauf und meist wenig runter. Das Wetter heute war wieder recht gut, so um 20°C und meist Sonne. Zunächst ging es auf schmalen Radwegen hoch nach Freudenstadt. Lisbeth und Johanna haben mich überholt. Lisbeth sagte zu mir beim Überholen: „ Jetzt kommen die Bergziegen". Die beiden sind ganz schön flott hoch gefahren. Nach Freudenstadt runter über Dietersweiler nach Glatten zur ersten Rast. In Glatten habe ich dann gehört, dass ein 60-jähriger Mitradler vom Fahrrad gefallen war und durch einen Herzinfarkt, trotz schneller Hilfe, verstorben ist. Kein gutes Gefühl, aber wir können es nicht ändern und „The Show must go on".
Heute durchqueren wir den Schwarzwald von Nord nach Süd. Nach der Rast sind wir durch das Glatttal (mit drei   „T") nach Bettenhausen gefahren und dann ging es fast vier Kilometer in die Höhe – ein doch langer Anstieg bis Dornhan. Über einen Radweg weiter nach Winzeln zur Mittagsrast.
Nach der Mittagsrast in Winzeln ging es in Wellen über Seedorf und Stetten nach Niedereschach zur dritten Rast.
Nach der dritten Rast weiter in Wellen nach Kappel, danach ging es wieder rund vier Kilometer in die Höhe, wobei wir rund 100 Höhenmeter bewältigen mussten.

Da war schon der vierte und teilweise auch der dritte Gang angesagt.

Von weitem konnte man den Ballungsraum von Villingen-Schwenningen sehen. An der Baar, zwischen Schwarzwald und schwäbischer Alp fuhren wir nach Bad Dürrheim, wo vielleicht fünf Tropfen Regen runter kamen. Die Party am Abend war gut und es ist trocken geblieben.
Heute bin ich viel mit Birgit aus Hannover gefahren. Birgit ist Baden Württembergerin und lebt beruflich bedingt mit ihrem Mann in Hannover, wir haben gemeinsam viele Steigungen geschafft. Für Stimmung gesorgt haben heute Time4Music und die Countryband Truck Stop.

Die Kinder vom Kindergarten Seedorf mit vollem Einsatz.

Alle Musikanten aus oder im gleichen Ort.

Ursula begleitet die Tour immer
mit ihrem Auto

Die Stimmung in Bad Dürrheim war gut

Bad Dürrheim

Bad Dürrheim liegt auf 700 m über N. N zwischen Schwarzwald und der Schwäbischen Alp, unweit von Villingen-Schwenningen. Hier in der landschaftlich schönen „Baar" scheidet sich das Wasser von Donau und Rhein.

1822 hat man durch Bohrungen den erhofften Salzstock gefunden.

1921 wurde Dürrheim offiziell Soleheilbad und hat seit dem den Titel Bad.

1974 wurde Bad Dürrheim zur Stadt erhoben

1994 war in Bad Dürrheim die Landes Gartenschau, woraus der heutige Kurpark erhalten geblieben ist.

1972 wurde der Salinenbetrieb eingestellt.

Bad Dürrheim ist aber nach wie vor das einzige Soleheilbad im Schwarzwald und ist als Heilklimatischer Ort anerkannt.

Quelle: www.bad-duerrheim.de/

Bädertour 2010
Fünfte Etappe
Mittwoch, 04. August 2010
Bad Dürrheim – Titisee-Neustadt
Entfernung: 50 km
Wetter: O.K., trocken, 20°C
Schwierigkeit: mittel bis schwer

Etappenorte
Bad Dürrheim – Bisingen – Pfohren – Hülfingen (1. Rast) – Wolterdingen – Mistelbrunn –Bubenbach – Eisenbach (Mittagsrast) – Titisee-Neustadt [1]

Die heutige Etappe war nicht ohne, denn auch heute waren einige Steigungen drin, insbesondere die von Wolterdingen bis nach Eisenbach, ca. 12 Km nach oben – nicht steil aber dafür ständig in die Höhe fahren.

Heute habe ich wieder eine Frau mit hochgenommen, denn es ist immer besser zu fahren als zu schieben – lieber öfter mal eine kleine Pause einlegen um die Muskulatur zu entspannen um dann wieder neu anzugreifen.

Das Wetter war O.K., trocken und gut 20°C, für mich persönlich allerdings, wie auch schon erwähnt, viel zu kalt für die Jahreszeit. Der diesjährige Sommer war 14 Tage lang und hat in der zweiten Junihälfte stattgefunden, und diese Zeit war im Prinzip zu heiß.

Zunächst in Wellen, eher runter, nach Pfohren ins Donautal. Diesen Teilabschnitt kannte ich, denn hier bin ich schon auf meinen eigenen Touren gefahren – schön, wenn man alte bekannte Radwege wiedertrifft. Weiter zur ersten Rast nach Hüfingen.

Nach der Pause leicht aufwärts nach Wolterdingen und dann der besagte 9 km lange Anstieg über Mistelbrunn. Oben angekommen, leicht runter und auf der Höhe fahrend weiter nach Bubenbach und dann nochmal richtig hochklettern zur Mittagsrast. Die Ortsdurchfahrt von Eisenbach war schon anstrengend. In Serpentinen fuhren wir zum höchsten Punkt der diesjährigen Tour durchs Ländle, „Auf den Höchst" auf 1.030 m über N. N.

Was dann kam war Entspannung pur, es ging herrlich runter nach Titisee-Neustadt. Ein Radfahrer, der da hochfuhr, kam uns entgegen – Respekt, denn das ist schon eine ordentliche Leistung. Wir fuhren runter nach Titisee-Neustadt, unser Etappenziel. Durch die Stadt durch, und nochmals leicht hoch zu den Skisprungschanzen zum Festplatz. Fahrrad zum Fahrradabstellplatz und mit dem Bus zum Hotel, Hotel „Adler Post". Bis hierher waren die Hotels wirklich gut und in Ordnung. Im Hotel Adler Post habe ich allerdings die „Arschkarte" gezogen. Die Dusche war direkt neben dem Bett. Normalerweise kein Problem, aber die anderen hatten wirklich super Zimmer, Groß und teilweise mit Balkon – wie erwähnt, eigentlich kein Problem, aber ich habe doch genauso viel bezahlt wie die anderen Teilnehmer. Hier werde ich sicher nie mehr übernachten. Und der Wirt – der war wohl „nicht ganz dicht in der Birne"! Ich habe morgens zum Frühstück, wie üblich zwei Tassen Kaffee getrunken, ein Brötchen mit Wurst und Käse gegessen und mir ein Brot mit Wurst und Käse für die Mittagsrast gemacht.

Der Wirt sagte mir: „Das ist verboten" – Ich: „verboten?" – Er: „Ja , das ist verboten". Ich habe dann gefragt: „Was kostet, das Brot?" – der Wirt: „einen Euro" – Ich: „Hier haben Sie zwei Euro und werden Sie glücklich damit". Ich war froh dieses miese Hotel wieder verlassen zu dürfen.

In anderen Hotels bekommt man sogar noch ein Lunchpaket mit.

Zurück zur Tour durchs Ländle Party. Ich hatte heute eigentlich keine Lust mehr noch rein zu fahren, aber ich hatte Heinz versprochen zu kommen, denn Heinz hatte für uns, Hans und mich, Plätze reserviert. Also bin ich mit reingefahren. Die Bustransfer zum Festplatz sind nicht gerade umweltfreundlich, denn meist fahren nur ein paar Leute zum Festplatz, ein Bus ist einmal nur mit einer einzigen Person zum Festplatz hin und zurück gefahren. Da kannst du dir den besten von 50 Plätzen aussuchen und du kannst mit dem Busfahrer quatschen.

Die Party war gut, die Blaumeisen haben ein super Programm gespielt und die Geschwister Hofmann haben eine klasse Show geboten, die beiden Schwestern haben echt was drauf.

Titisee-Neustadt

Die Gründung Neustadts geht auf das 13. Jahrhundert zurück und im 18. Jahrhundert entwickelte sich die Uhrmacherei als Hauptgewerbe. Die heutige Stadt Titisee-Neustadt besteht aus den Stadtteilen, Titisee, Neustadt, Rudenberg, Schwärzenbach, Langenordnach sowie Waldau und liegt auf einer Höhe von über 1.000 Metern. In Titisee-Neustadt leben heute rund 11.660 Einwohner. Quelle: www.titsee-neustadt.de/

Das Team TDL 2010
Heidi, Pit, Michael und ich.

Heinz macht eine kleine
Pause

Heinz gab alles

Wir zwei sind einen Teil
gemeinsam hochgefahren.

Die roten Radler machen einen
wirklich guten Job.

Hier wird eine Frau kurzerhand
nach Eisenbach hoch
geschoben – Kraft pur.

Die „Rote Radlerin"
Martina

Martina fährt am Schluss und
passt auf, dass alle mitkommen.

Bilder aus Eisenbach

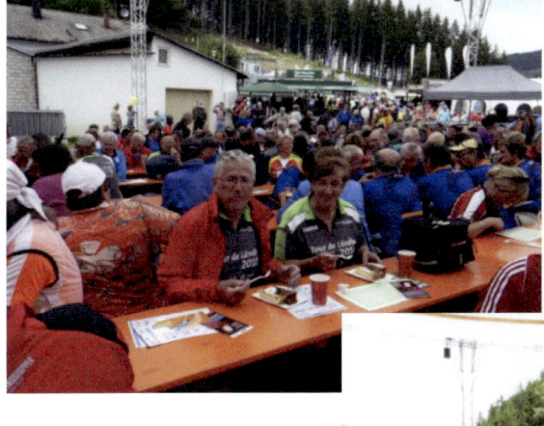

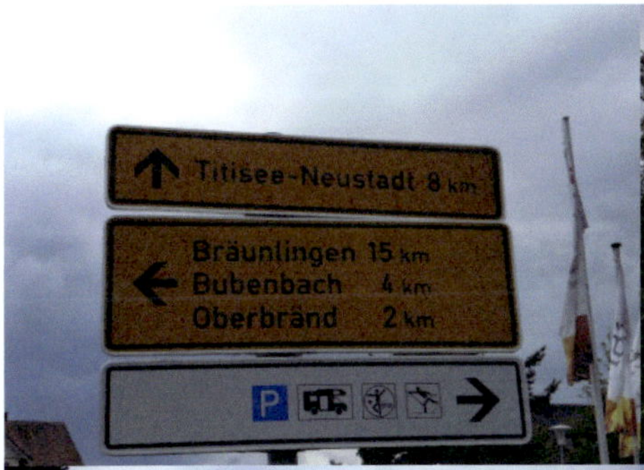
Titisee-Neustadt 8 km
Bräunlingen 15 km
Bubenbach 4 km
Oberbränd 2 km
P
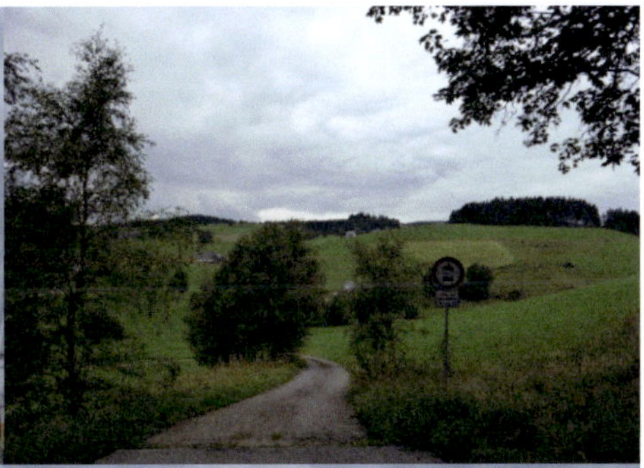
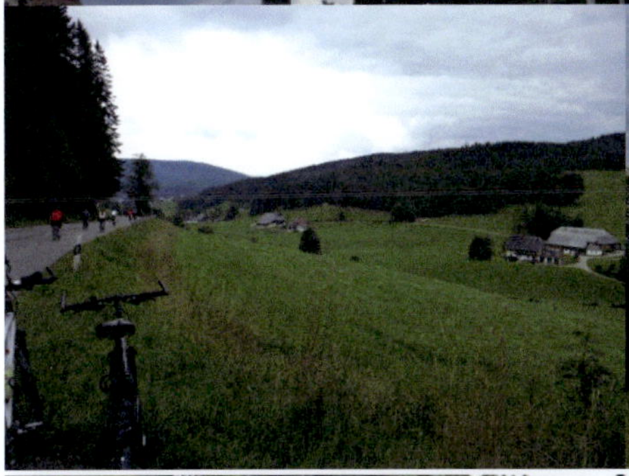
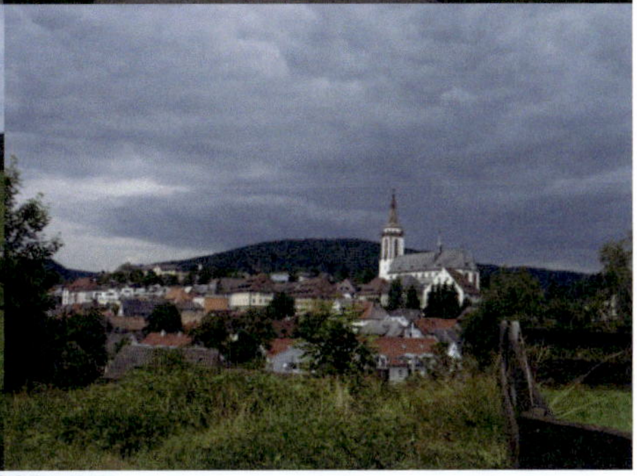
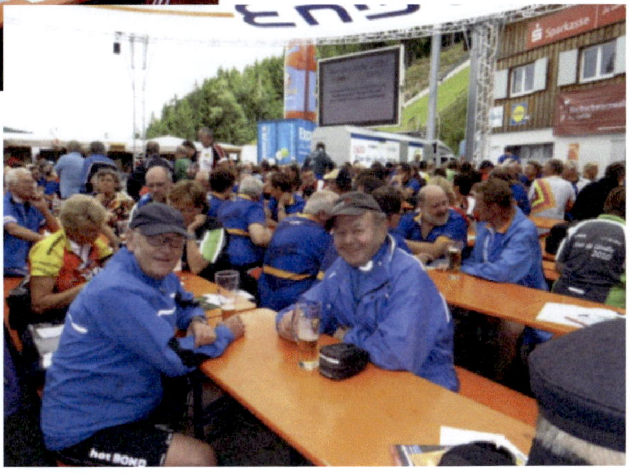
Sparkasse

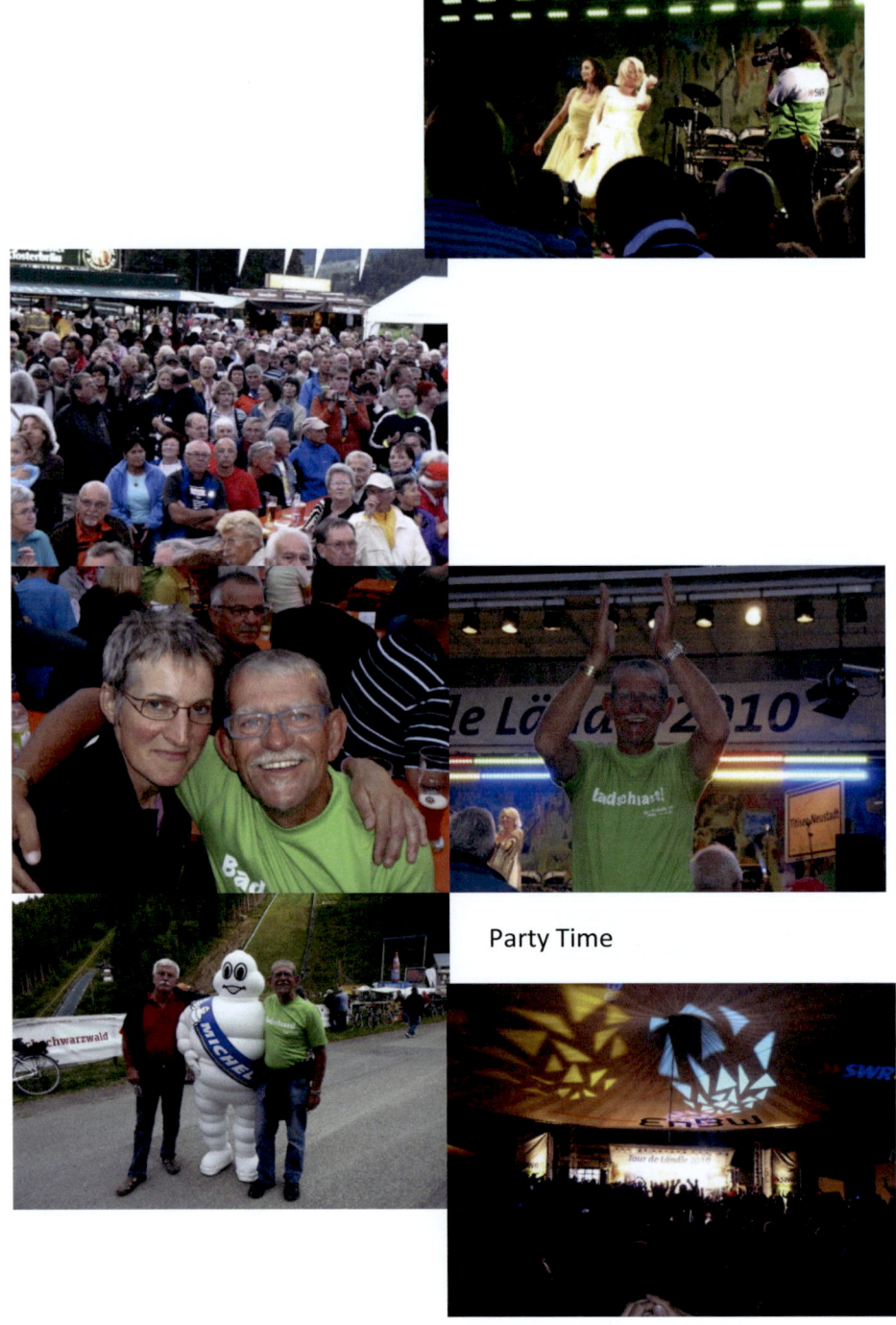

Party Time

Bädertour 2010
Sechste Etappe
Donnerstag, 05. August 2010
Titisee Neustadt – Badenweiler
Entfernung: 75 km
Wetter: Kalt, Dauerregen
Schwierigkeit: mittel bis schwer

Etappenorte
Titisee-Neustadt – Thurner – Hansmeyerhof – Kirchzarten (1. Rast) –
Freiburg im Breisgau – Sölden – Bad Krotzingen (Mittagsrast) –
Heitersheim – Buggingen (2. Rast) – Badenweiler [1]

Diesen Tag werde ich wohl nicht so schnell vergessen, der hatte alles
was eine Etappe so unvergesslich macht. Wie schon beschrieben, hatte
ich mit dem Hotel die „Arschkarte" gezogen, so etwas gibt es und unser
sogenannter Gastgeber war eine recht unfreundliche Person. Ich war
jedenfalls froh, dieses Hotel wieder verlassen zu dürfen. Als ich rausging
fing es bereits an zu regnen und am Festplatz angekommen, war es am
„Kübeln". Petrus gab heute alles – er hatte wohl alle Wasserhähne im
Himmel geöffnet.

Das übliche Morgenprogramm, aber heute aufwärmen mit einer
Polonaise unterm Zelt. Es hat unaufhörlich geregnet, am Schluss habe ich
noch eine geraucht und das Tour durchs Ländle Lied gehört – musste aber
los bevor das Lied zu Ende war, denn der Tross rollte bereits wieder, in
strömendem Regen.
Zunächst langsam ansteigend und dann ging es hoch zum Thurner, so
rund drei Kilometer in Serpentinen so richtig aufwärts. Kurz vor dem
Anstieg zum Thurner hatte ich Robert, alias „Robbi" aus Efringen-Kirchen
eingefangen. Robbi und ich sind dann gemeinsam zum Thurner
hochgefahren – es goss in „Strömen".

Als wir oben am Thurner waren mussten wir warten, denn die Polizei hatte uns angehalten. Ja – und was dann kam, ist normaler Weise „Affen-Titten-Geil", aber heute hammerhart. Es kam eine 15 Kilometer lange Abfahrt, runter nach Kirchzarten zur ersten Rast. Ein Wahnsinn, denn ich glaube es goss, wie man sagt „aus allen Kübeln", große Dusche auf maximaler Kaltwasserleistung. Mir sind fast die Hände eingefroren, so kalt war das, man musste kontrolliert runter fahren, denn es war schlechte Sicht und die Straßen waren nass. Heute brauchte man gute Bremsen! Wie ich später erfahren habe, musste Shimano heute an 120 Fahrrädern die Bremsen oder die Bremsbelege ersetzen bzw. reparieren. Und auch der Besenwagen hatte viel zu tun. Meine Hände waren so kalt, dass mir das Bremsen schwer fiel.

Ich habe immer alles dabei – und so auch ein Handtuch. Kurz vor Kirchzarten wollte ich mir die Hände mit meinem Handtuch abtrocknen und wärmen, als ich feststellen musste, dass es bereits auch schon nass war. Mein Rucksack ist nicht wasserdicht, bitte? Ich hatte gedacht, dass Rucksäcke wasserdicht sind.

Weiter nach Kirchzarten zur ersten Rast. Ich sagte zu Robert – „komm mit ins Cafe", dort waren aber auch schon Heidi, Michael, Pit, Hans, Jens und andere, und trotz unserer Bemühungen einen Kaffee zu bekommen, bekamen wir aber keinen. Robbi und ich sind gleich mit der nächsten Gruppe weiter gefahren. Bei mir war alles nass, aber jetzt war es immerhin trocken. Ich sagte zu Robert „ich brauche jetzt unbedingt einen Kaffee, was Warmes, wir fahren bei der nächsten Gelegenheit raus". So nach vier Kilometern kam eine Bäckerei, Robbi und ich sind dort raus. Wir haben einen Cappuccino getrunken – ich glaube Robbi sogar zwei. Ich habe die nassen Sachen ausgezogen und nach dem Mehrschichtprinzip mehrere Shirts übereinander angezogen. Mir war nun etwas wärmer und der Cappuccino hatte auch gut getan. Doch die Truppe war nun weg. Aber ich hatte ja Robert dabei, und Robert ist hier quasi zu Hause, Robbi kannte sich aus und so sind wir dann hinterher. Am Rande von Freiburg, nochmals rauf nach Sölden, und dann haben wir beide, Robbi und ich zur Aufholjagd geblasen. Wir sind so im 25er Schnitt an vielen vorbei gefahren – ich vorne weg und Robbi im Windschatten von mir. Das hat richtig Spaß gemacht und wir beide kamen quasi mit dem Hauptfeld zur Mittagsrast in Kirchzarten an. Nochmal einen Cappuccino getrunken, Robbi ist dann zum Rastplatz und ich bin erst mal in die Stadt und habe mir ein Poloshirt gekauft, das ich im Geschäft gleich angezogen habe. Endlich trocken! Unten herum war ich komischer Weise trocken geblieben. Dann zum Rastplatz und mein zwei Euro Brot mit einem Kaffee verzehrt.

Weiter ging es nach der Mittagsrast in Richtung Badenweiler. Als ich gerade los wollte, kam eine Frau ganz verzweifelt zu mir, sie suchte ihr Fahrrad und fand es nicht. Ich wollte ihr schon suchen helfen, als sie ihr Fahrrad hinter dem Malteserwagen sah – Ende gut, alles gut. Also weiter, ich war halbwegs trocken und bei trockenem Wetter ging es nach Buggingen zur dritten Rast. Dort wie üblich etwas zu trinken besorgt. Michael angerufen und gefragt: „Wo seid ihr'" Michael dann: „Wir sind schon in Badenweiler". Heidi, Pit, und Michael hatten in Kirchzarten den Zug genommen. Recht hatten sie – bei dem Wetter heute. Hätte ich auch machen sollen! Gerhard 2 getroffen und ich sagte ihm, dass ich mich noch auf kurze Hose umziehen wollte. Gerhard 2 meinte daraufhin ich sollte besser lang anbehalten, denn da käme noch was – also habe ich meine Regenhose anbehalten.

Hier in Buggingen war es warm, schwül, aber es wurde immer dunkler. Weiter ging es bergauf nach Badenweiler und unterwegs hieß es bereits „Freiburg meldet Land unter". Hinter uns war es mittlerweile dunkelschwarz, und es zog in unsere Richtung. Normalerweise nehme ich die Herausforderung an und hätte versucht vor dem Regen in Badenweiler zu sein. Aber ich konnte bzw. ich durfte nicht schneller fahren, denn da waren rund 1.000 Radlerinnen und Radler vor mir und die Polizei sah es verständlicherweise nicht gerne, wenn man links überholte.
Ich habe recht früh meine Regenjacke wieder angezogen, und das war gut so, denn fünf Kilometer vor Badenweiler fing es wieder an zu regnen.
Und dann in Badenweiler noch zum Festplatz, da musst du hochfahren, echt ein Wahnsinn – ich dachte noch, nimmt das kein Ende, denn es zog sich richtig hin. Irgendwann war ich oben in Badenweiler am Festplatz, und dann noch einmal hoch zur Fahrradgarage, kurz und knackig hoch, Fahrrad abstellen, zurück zum Festplatz, einen warmen Kaffee und dann zum Bus. Als ich am Bus war, war es auch wieder trocken. Wir sind nach Neuenburg ins Hotel Krone gefahren.
Schnell Duschen und im Restaurant vom Hotel Krone haben Hans und ich bevor wir wieder los mussten, noch gegessen. Ich hatte ein leckeres Rumpsteak – endlich mal wieder ein richtiges Essen, obwohl die Spagetti in Titisee-Neustadt gestern auch nicht schlecht gewesen waren. Mit dem Bus zurück nach Badenweiler zur Party und es blieb trocken. Um 22.15 Uhr wieder rein nach Neuenburg, wir wollten im Hotel noch einen Absacker nehmen, aber das Restaurant war schon geschlossen.

So sind Hans und ich noch in „TOWN" gegangen. Bei einem chinesischem Restaurant hat Hans dann Robbi und Martin entdeckt. Hans und ich haben uns dazu gesellt.

Ich esse gerne chinesisch und so habe ich gefragt ob ich noch etwas zu essen bekommen könnte. Ich war ziemlich überrascht, es war nach 23 Uhr und ich konnte noch etwas bestellen.

Ich habe mir daraufhin eine knusprige Ente bestellt – man war das lecker. Dann ins Hotel und ins Bett mit dem Bewusstsein, dass morgen die letzte, die Schlussetappe anstand. Gemäß der Information meines Vaters „Opa Willy", sollte morgen das Wetter wieder gut werden.

Auf der Party heute haben die Marc Fischer Band und Andreas Martin für Stimmung gesorgt. Die Party war wirklich gut!

Badenweiler
Badenweiler ist eine wirklich schöne Stadt und die 26,2°C warmen Quellen von Badenweiler sind schon zur Römerzeit bekannt gewesen. Seit 1867 darf sich Badenweiler „Staatsbad" nennen. Badenweiler gehört zum Landkreis Breisgau-Hochschwarzwald und sein Wahrzeichen ist die Burgruine im Kurpark. 1028 wird Badenweiler erstmals als Ort „Baden" erwähnt. 1974 und 1975 wurden Lipburg und Schweighof eingemeindet
Quelle: www.badenweiler.de/

Jens war trotz Regen gut gelaunt.

Auch das SWR4 – Team zieht weiter.

Über den Hügel mussten wir rüber.

Fast oben.

Robbi führt mich durch Freiburg.

Robbi, in schöner Landschaft und auch die Bundeswehr fuhr heute mit .

Alles gute Walter für den neuen Lebensabschnitt als Rentner. Du bist der Beste.

Party in Badenweiler

mit

Andreas Martin und der Marc Fischer Band.

Ausgeruht und gut gelaunt die drei! Man merkt den dreien die Zugfahrt nicht an.

Die Stimmung war super, alle waren gut drauf.

Auf zur letzten Etappe der Bädertour 2010, Foto mit Walter.

Bädertour 2010
Siebte Etappe
Freitag, 06. August 2010
Badenweiler – Bad Säckingen
Entfernung: 72 km
Wetter: Gut
Schwierigkeit: leicht bis schwer

Etappenorte
Badenweiler – Müllheim – Neuenburg am Rhein (1. Rast) – Schliengen –
Riedlingen – Rümmingen – Lörrach (Mittagsrast) – Hüsingen – Minseln –
Schwörstadt (2. Rast) – Wallbach – Bad Säckingen [1]

Das Wetter heute war gut, so dass wir einen tollen Abschluss der
Bädertour 2010 vor uns hatten.
Vorweg, einen kleinen Wermutstropfen gab es zum Abschluss, ich sage
nur vier Minuten, doch dazu später.
So leicht war die Etappe heute auch nicht, denn wir mussten nach
Hüsingen doch noch einmal ganz schön in die Höhe.
Morgens noch einmal mit Walter von Neuenburg nach Badenweiler – das
übliche Programm und zunächst wieder nach Neuenburg an den Rhein
geradelt, da hatten wir übernachtet, zur ersten Rast. Die Strecke war
eher flach, weiter nach Schliengen und ein leichter Anstieg nach
Riedlingen. In Wellen weiter nach Lörrach zur Mittagsrast. Bis nach
Lörrach habe ich wieder eine Frau mit hoch genommen. Kurz vor Lörrach,
am letzten Anstieg habe ich die Frau ein paar Meter geschoben und der
mit Martina am Schluss fahrende „Rote Radler" hat dann übernommen
und sie über den Berg geschoben. Der Besenwagen war uns bedenklich
nahe gekommen. Bis Lörrach hat sie es auf jeden Fall geschafft und sie
war auch ganz stolz drauf - gut so. Danke auch an die „Roten Radler", die
wirklich einen super Job machen.

In Lörrach hatten wir bestes Wetter und Lörrach hat eine sehr schöne Innenstadt. Mit dem Cappuccino hat es wieder gedauert. Die Verkäuferin sagte noch zu mir: „Bis vor einer halben Stunde haben wir nicht einmal gewusst, dass die Tour durchs Ländle hier Mittagsrast macht". Ist doch irgendwie komisch, da kommen 2.000 Radlerinnen und Radler in die Stadt und man weiß nicht darüber Bescheid.

Nach der Mittagsrast ging es nochmal zur Sache, es ging teilweise ganz schön steil hoch und ich musste zeitweise in den zweiten Gang runter schalten, zum einen der Anstieg und zum anderen viele langsame Fahrer vor mir. Einige sind nur beim Abfahren schnell, da wird alles riskiert, und wenn es hochgeht, dann muss man diese „Anschieben". Raufgeklettert nach Hüsingen und dann die Abfahrt nach Schwörstadt an den Rhein. Die Reststrecke ab Schwörstadt kenne ich, denn diese Strecke bin ich schon des Öfteren gefahren. Wir sind den Rest exakt auf dem offiziellen Rheinradweg nach Bad Säckingen gefahren und bei bestem Wetter in Bad Säckingen eingerollt. Fahrrad zum Fahrradabstellplatz, einscannen und abstellen. Morgen geht es wieder nach Hause.

Ich bin nicht mit dem Bus nach Rheinfelden reingefahren, sondern in Bad Säckingen geblieben, denn ich wollte noch einmal im Grohe Duschtruck duschen – doch leider war dieser nicht mehr da, so dass ich mich im Toilettenwagen umgezogen habe. Ich hatte mir noch ein paar günstige Turnschuhe gekauft, weil ich in meinen Radlerschuhen nicht so gut laufen konnte. Später meinen Rucksack im Bus abgegeben, eine Pizza gegessen und wieder zurück zum Festplatz, wo Robbi mir einen Platz freigehalten hat – so war ich auch heute mittendrin. Die Party mit den Lollies und Nick P. war sehr gut. Was will man mehr, gutes Wetter, tolle Tour durchs Ländle und tolle Stimmung. Gegen 22.15 Uhr ging unser Bus in Richtung Rheinfelden. Ich habe noch zu Robbi gesagt: Robbi wir müssen, der Bus fährt gleich" Und so haben Heidi, Michael und Pit uns, Robbi und mich, zum Bus begleitet. Wir sind Hand in Hand, das Tour durchs Ländle Lied singend, zum Bus gelaufen. Doch der Bus war weg – wir waren um vier Minuten zu spät gekommen, vier Minuten, ich glaube die von Nesch & Weiss waren wohl auf der Flucht – ich war noch nie zu spät – nur heute, denn die Party war noch nicht einmal zu Ende gewesen als wir gegangen sind. Übrigens waren Robbi und ich nicht die Einzigen, Jens, Sita und auch Hans sind nicht mitgekommen. Während Hans mit dem Zug gefahren ist, sind wir, Sita, Jens, Robbi und ich mit dem Taxi nach Rheinfelden gefahren. Ich war mächtig sauer! Ich habe meine Sachen aus dem Bus geholt und im Hotel eingecheckt. Dann wollte ich noch einen Absacker mit den anderen nehmen und bin wieder runter, da saßen auch noch Sita und Jens und andere, ich wollte mich noch dazu setzen, als einer zu mir sagte: „Wir kaufen nichts". Der Typ vorne am Frontplatz. Ich fragte: „Bitte" – der Typ wiederum : „Wir kaufen nichts". Ich dachte nur: „Dem haben sie in frühster Kindheit wohl ins Gehirn geschissen – dieser Typ war wohl die personifizierte Dummheit. Jens sagte noch zu mir, „Wenn Du noch etwas trinken willst, muss Du jetzt bestellen, die wollen gleich zu machen".

Da man sich aber Freunde oder Leute aussuchen kann, mit denen man etwas zusammen unternimmt, habe ich mich verabschiedet und bin noch nach Rheinfelden rein. Ich fand dann einen Pub und dort habe ich noch einen schönen Abschluss gehabt und ich durfte sogar rauchen. Ende gut, alles gut.
Anschließend ins Bett, weil ich morgens früh los wollte, denn am nächsten Tag war für mich die eigentliche Königsetappe von Bad Säckingen nach Wil in St.Gallen auf dem Programm.

Vier Minuten zu spät und der Bus war weg, dass hat genervt! Ich glaube mit Walter wäre das nicht passiert, aber Walter war ja nicht mehr dabei. Weiter glaube ich, falls ich wieder die Tour mit fahren darf, dass ich die Busvariante nicht mehr wählen, sondern einmal die Gemeinschaftsunterkunft testen werde. Mann muss ja auch mal neue Erfahrungen machen.
Morgen früh werde ich mit dem Taxi nach Bad Säckingen fahren, das ist so geplant, weil der Bus nicht vor 09.00 Uhr weg fahren wird und ich habe aber morgen eine Tour über Schweizer Hügel von 125 Kilometern mit Gepäck zu fahren. Ich werde aber morgen beim Frühstück sagen: „Wenn der Bus mich nicht mit rein nimmt, fahre ich auch nicht mit dem Bus zurück nach Bad Säckingen".

Die Bädertour 2010 ist zu Ende.

Bad Säckingen
Bad Säckingen ist eine recht schöne Stadt. Die eigentliche Stadt Säckingen lag bis 1830 auf einer Rheininsel, am deutschen Ufer lag die Vorstadt. 1830 wurde der verlandete Rheinarm zugeschüttet, so dass der Inselcharakter dadurch aufgehoben wurde. 1910 wurde das Scheffeldenkmal eingeweiht, 1928 kam Schloss Schönau dazu und 1939 wurde Bad Säckingen Kreisstadt um dann 1973 den Sitz der Kreisverwaltung wieder zu verlieren. 1978 erhielt Säckingen das Prädikat „Bad". Quelle: www.bad-säckingen.de/

Er kannte wohl den
Weg zur Toilette.

Die drei vom 3-Löwen-Takt.

Ursula in Lörrach. Ich hoffe, sie hat ihr Auto gefunden.

Bus Nr.1

Die Heimfahrt
Bad Säckingen nach Wil im Kanton St. Gallen.

Achte Etappe
Samstag, 07. August 2010
Bad Säckingen - Wil
Entfernung: 125 km
Wetter: sehr gut
Schwierigkeit: leicht bis schwer

Etappenorte
Bad Säckingen (D) – Laufenburg (D) – Waldshut (D) – Eglisau (CH) – Flaach
(CH) – Andelfingen (CH) – Frauenfeld (CH) – Wil (CH) [1]

Heute morgen musste ich recht früh auf, ich wollte – nein ich musste um
07.30 Uhr in Bad Säckingen sein, es ging nach Hause und ich wollte mich
noch von Heidi, Pit und Michael abschieden. Nach dem Frühstück mit dem
Taxi nach Bad Säckingen, dann gleich mein Fahrrad ausgecheckt, den
netten Mann vom Sicherheitsdienst getroffen und mich anschließend im
Hotel Krone von Heidi, Pit und Michael verabschiedet. Danach auf den
Rheinradweg nach Waldshut. Den Rheinradweg kenne ich sehr gut, den
bin ich, wie bereits erwähnt, schon mehrfach gefahren. Über Laufenburg
nach Waldshut, dann in die Schweiz und weiter nach Eglisau. In der
Schweiz fährt man in Wellen, und von Eglisau nach Flaach muss man über
den Berg. Das war wirklich steil und das mit 23 Kg Gepäck, auf der Höhe
geht es dann nochmal leicht aufwärts, bis dann eine herrliche Abfahrt
nach Flaach kommt, noch einmal leicht nach oben und dann eine Pause in
Flaach. In Flaach habe ich die Abfahrt nach Andelfingen verpasst, so dass
ich dann über Berg auf groben Schotterwegen und durch den Wald nach
Andelfingen gefahren bin. Das ist typisch Hoppmann, immer den
schwierigen Weg nehmen.
Ab Andelfingen bin ich an der Thur gefahren – an einem Cafe so eine Art
ehemaliger Bauernhof habe ich eine Pause gemacht und mir einen
Cappuccino und einen Coupé Dänemark gegönnt. Weiter an der Thur
entlang und am Schluss über die Straße nach Frauenfeld. Von Frauenfeld
bis nach Wil, rund 18 Kilometer, geht es stetig, wenn auch nur leicht,
aufwärts. In Wil angekommen, nochmal kräftig in die Pedale und im 3.
sowie 4. Gang rauf zum Ölberg. Zu Hause! – eine super letzte Etappe und
ich hatte dazu auch noch spitzen Wetter.

Die Bädertour 2010 ist zu Ende – es lebe die „TDL 2011". Ich werde vielleicht nicht wieder mitfahren, denn so toll war 2010 nun auch nicht. Ich fahre, wie jedes Jahr meine eigenen Touren, komme vielleicht zu den Partys, oder fahre privat, eine oder zwei Etappen mit, vielleicht aber auch nicht?

Es war eine mittelmäßige Bädertour 2010 – denn die von 2009 war aus meiner Sicht besser, unter anderem auch deswegen weil nicht so stark „reglementiert" und es keine Begrenzung auf 2.000 Teilnehmer gab. Wie viele waren nicht dabei, die gerne mitgefahren wären? Ich habe einige vermisst. Man hat gemerkt, dass Gefako nicht mehr dabei war.
Die logistische Leistung war beeindruckend! Was da täglich geleistet wird, ist wirklich enorm.
➢ SWR4 hat einen guten Job gemacht.
➢ Nesch & Weiss hat einen guten Job gemacht, trotz der vier Minuten.
➢ Die Polizei hat wie immer einen guten Job gemacht.
➢ Die Malteser haben auch einen guten Job gemacht.
➢ Die „Roten Radler" haben einen „super" Job gemacht.
Gundolf Greule hat die Tour super geplant – war wirklich eine super Streckenführung, nicht zu leicht, aber auch nicht zu schwer.

Bevor ich zum Abschluss komme, möchte ich dem SWR und seine Moderatoren, folgendes auf die Fahnen schreiben. Liebe Leute, es kann nicht an gehen, dass der SWR sagt, ich zitiere das „Gehörte": „Wenn einer ohne Bändel mitfährt, könnt ihr ihm sagen, dass ist eine geschlossene Gesellschaft, er soll anderswo fahren" Zitat Ende. Alle Steuerzahler haben die Straßen bezahlt und entweder zahlt der SWR für die Straßenbenutzung und lässt die Straßen absperren oder der SWR respektiert, dass dort auch andere Verkehrsteilnehmer wie auch Fahrradfahrer unterwegs sind. Schlichtweg kann es nicht angehen, dass in einer demokratischen Gesellschaft, ein von Radio- und Fernsehgebühren existierender Sender bestimmt, wer auf deutschen Straßen radeln darf und wer nicht, wenn die Tour unterwegs ist.
So nachdem ich den Frust vom Verhalten des SWR, sagen wir Mal, „Beiseite" gelegt habe, plane ich meine nächste Tour, die nach Budapest geht. Zuerst den Neckar entlang, dann Rhein bis Mainz, Main bis Bamberg, Main-Donau-Kanal bis Kehlheim, die Donau über Wien bis Budapest, zurück über Salzburg, Innsbruck, über den Arlberg in die Schweiz und über den Bodensee- und Thurradweg weiter zurück nach Wil. Bis dahin, alles Gute.

Kleine Bildergalerie

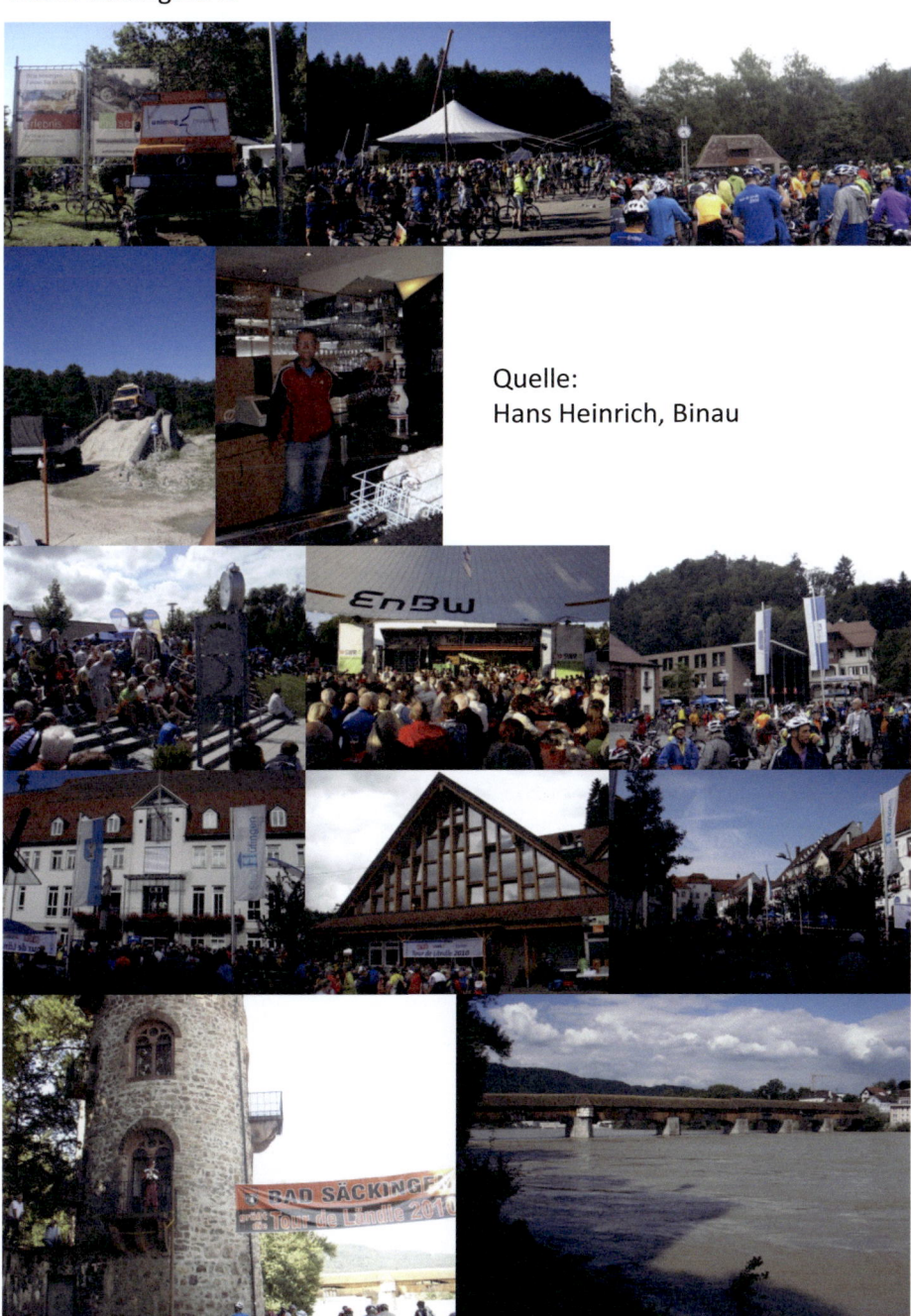

Quelle:
Hans Heinrich, Binau

Literaturverzeichnis

[1]   >>SWR4 ------- EnBW
       Tour
       de Ländle 2010
       Autoren: Reinhold Fülle, Gundolf Greule
       HamppVerlag
       ISBN: 978-3-936682-85-4

[2]   www.SWR4.de
       Baden Württemberg / Tour durchs Ländle

Bildnachweis:
Gerhard Hoppmann, Wil
Hans Heinrich, Binau

Weitere Infos:
www.baden-baden.de/
www.bad-schoenborn.de/
www.tourismuss.bad-liebenzell.de/
www.badenweiler.de/
www.bad-duerrheim.de/
www.baiersbronn.de/
www.titisee-neustadt.de/
www.bad-säckingen.de/